Aroma-Wasser

Vitalisierende Detox-Getränke mit Früchten, Kräutern und mehr

Aroma-Wasser für mehr Lebensfreude

Der Trend, Wasser mit Früchten und Kräutern zu aromatisieren, kommt aus den USA und nimmt auch in Europa Fahrt auf. Und das völlig zu Recht: Aromatisiertes Wasser ist nicht nur schön anzusehen, sondern lecker und kalorienarm. Da fällt es überhaupt nicht mehr schwer, ausreichend zu trinken und der Versuchung zu widerstehen, auf überzuckerte Softdrinks zurückzugreifen. Dank der Wirkstoffe der Früchte und Kräuter ist aromatisiertes Wasser zusätzlich noch gut für das allgemeine Wohlbefinden.

In diesem Buch finden Sie 38 abwechslungsreiche Rezepte, die einen positiven Effekt auf Ihre Gesundheit haben, den Körper schnell entgiften und ihm neue Energie verleihen. Die meisten Detox-Wasser enthalten Zitrusfrüchte, die besonders gut geeignet sind, um schädliche Giftstoffe aus dem Körper zu spülen. Aber auch andere Zutaten wirken vitalisierend: Minze hilft den Stoffwechsel anzuregen, Gurke wirkt reinigend und Ingwer fördert unter anderem die innere Balance.

Dieses auf natürliche Weise aromatisierte Wasser lässt sich im Handumdrehen herstellen: In Karaffen, Flaschen und großen Gläsern ist es ein echter Hingucker. Und es schmeckt wunderbar leicht und erfrischend.

Freundschaftsbeweis

Grapefruit + Rosmarin

Dieses Wasser ist genau
das Richtige für einen
Entschlackungstag mit der
besten Freundin:
Grapefruit entgiftet den Körper
und Rosmarin beruhigt.

Liebesbotschaft

Zitrone + Himbeere

Dieser Drink bringt Harmonie und sorgt für Ausgleich: Zitrone macht glücklich und Himbeere entspannt.

Sommertraum

Gönnen Sie sich eine Erfrischung an heißen Tagen! Erdbeere schenkt uns Glück, Gurke und Thymian wirken reinigend auf unseren Körper.

Erdbeere

+

Gurke

+

Thymian

6

Sonnenglück

Gute Laune mit den Farben der Sonne: Melonen wirken vitalisierend und reinigend. Minze stärkt den Kreislauf.

Wassermelone + Galiamelone

+

Minze

Karibikbrise

Mit diesem Detox-Wasser sind Sie auf dem Weg zur Bikinifigur: Ananas ist der Fatburner Nr. 1. Minze stimuliert die Fettverbrennung zusätzlich.

Ananas

+

Minze

Paradiesquelle

Fühlen Sie sich wohl in einer Oase der Entspannung:
Die Erdbeeren sorgen für innere Harmonie,
die Zitrone reinigt den Geist und die Minze weckt neue Kräfte.

Erdbeere + Zitrone

+

Minze

Wellness-Oase

Wahre Schönheit kommt von innen:
Kiwi und Apfel geben uns innere Stärke
und der Ingwer entgiftet den Körper.

Kiwi

+

Apfel

+

Ingwer

Jungbrunnen

Forever young – ein Wunsch, der die Menschheit schon immer beflügelt hat: Wassermelone strafft die Haut und Johannisbeeren geben uns natürliche Schönheit. Minze sorgt für die nötige Balance.

Wassermelone

+

Rote Johannisbeeren

+

Minze

Sternenhimmel

Sie brauchen Power für durchgefeierte Nächte? Blaubeeren bringen unserem Körper sanfte Energie. Erdbeeren sorgen für den nötigen Drive und der Apfel gibt uns Durchhaltevermögen.

Blaubeere

+

Erdbeere

+

Apfel

Sommerlaune

Blaubeere

Orange

+

+

Minze

Dieses Wasser macht Laune!
Blaubeeren stimmen uns fröhlich,
Orangen erhöhen die Kreativität.
Und Minze verbindet Kopf und Herz.

Wake-me-up-Water

Dieses Wasser schmeckt so herrlich erfrischend,
danach kann man locker in den Tag starten.
Gurke reinigt den Körper von den angesammelten
Schlackstoffen der Nacht.
Minze stärkt den Körper für den Tag.

Gurke + Minze

Leichter leben

So purzeln die Pfunde: Zitrone und Minze sind Turbo-Fatburner.
Sie entgiften den Körper und kurbeln den Stoffwechsel an.

Zitrone

+

Minze

Slim-Water

Gelassen schlank werden, dabei hilft dieses Wasser. Die Gurke entgiftet und reinigt den Körper, der Rosmarin entspannt und gibt uns das nötige Durchhaltevermögen.

Gurke

+

Rosmarin

Erholung für zwischendurch, ob zu Hause oder im Büro: Die Kombination aus Kirschen und Orangen gibt uns gleichzeitig Kraft und Gelassenheit. Die Minze schafft Balance.

Relax!

Orange

+

Süßkirsche

+

Minze

Entspannungsquelle

Wenn der Stress überhandnimmt, geben Blaubeeren uns Kraft und stärken unsere Abwehr. Der Lavendel hilft gegen Verspannungen jeder Art.

Blaubeere

+

Lavendel

Seelenschmeichler

Dieses Wasser tut der Seele gut.
Die Himbeeren sorgen für Freude und Harmonie.
Die Rosen befreien von Sorgen und Ängsten.

Himbeere + Rosenblüten-
blätter

+

Vanille

Dreierlei Liebelei

Lieben Menschen etwas Gutes tun:
Orangen und Blaubeeren bringen gute Laune
und sorgen für Geselligkeit.
Melisse schafft die nötige Harmonie.

Orange

+

Blaubeere   +   Zitronenmelisse

Wassermelone

+

Zitrone

+

Minze

Kleine Auszeit

Mach mal eine Pause!
Wassermelone bringt Entspannung. Zitrone stärkt und
Minze gibt die nötige Energie zurück.

Du schaffst das!

Manchmal hält das Leben Herausforderungen bereit: Brombeeren stärken den Willen und die Zitronenmelisse gibt die nötige Energie und das Durchhaltevermögen.

Brombeere

+

Zitronenmelisse

Glückswasser

+

Erdbeere   Apfel

Einfach mal glücklich sein:
Erdbeeren machen locker,
Apfel befreit und
schafft Raum für Entspannung.

Wasser

ist der Ursprung von allem.

Thales von Milet

Zitrone

+

Gurke

+

Minze

Füllen Sie Ihren Bauch mit Sonnenschein! Zitrone und Gurke machen Sie federleicht und die Minze holt Sie sanft auf den Boden der Tatsachen zurück.

Sonnenschein

Sternschnuppen

Zum Entspannen und Träumen
an einem lauen Sommerabend im
August. Eine sanfte Aufmunterung
für lange Nächte.

Karambole

Stimmungsaufheller

Grapefruit + Zitrone

+

Currykraut

Wenn das Gemüt mal ein bisschen verregnet ist: Grapefruit schenkt uns ein Lächeln. Zitronenschale und Currykraut verstärken diesen Effekt.

Vitaminspritze

Lust auf Vitamine? Kiwi, Pfirsich und Himbeere sind Spitzenlieferanten an Vitamin C. Zusammen mit Thymian stärken sie die Abwehrkräfte des Körpers.

Kiwi

+

Himbeere

+

Pfirsich

+

Thymian

Reinigung von innen durch das Super-Trio: Zitrone entgiftet, Erdbeere lockert und Gurke schwemmt Giftstoffe aus.

Clean Water

 +  +

Zitrone   Erdbeere   Gurke

Lebenslust

Einfach mal ein bisschen Spaß haben: mit Apfel, der auflockert, Erdbeeren und Blaubeeren, die Power geben, sowie Cranberrys, die für Stimmung sorgen, und Himbeeren, die uns verzaubern.

Apfel

+

Erdbeere

Blaubeere

Cranberry

+

Himbeere

Grüne Quelle

Sorgen Sie für neuen Energiefluss durch die reinigende Kraft der Gurke: Zitrone und Limette wirken erfrischend und stärkend. Ein bisschen Melisse sorgt für einen guten Ausgleich.

Gurke + Zitrone

Limette + Zitronenmelisse

Belebend und bunt

Limette + Himmbeere

Geben Sie sich doch einfach mal der guten Laune hin:
Zitrone versorgt uns mit neuer Energie. Der Mix aus
Himbeere, Süßkirsche und Blaubeere schenkt Froh-
sinn und die nötige Lockerheit.

Süßkirsche + Blaubeere

Sommerferien

Orange

Himbeere

Blaubeere

Urlaubsfeeling aus dem Glas: Orangen lassen unsere Glückshormone durch den Körper fließen. Himbeeren und Blaubeeren verstärken diesen Effekt und sorgen somit für eine Langzeitwirkung.

Mach mal Pause!

 +

Kiwi   Zitrone

 +

Erdbeere   Minze

Mach mal Pause!
Kiwi gibt Kraft,
Zitrone entspannt und
Erdbeeren sorgen für ein
inneres Gleichgewicht.
Minze hebt die Stimmung.

Maiwasser

Neben Waldmeister ein Muss im Wonnemonat Mai. Holunderblüten reinigen den Körper und vertreiben die Frühjahrsmüdigkeit.

Holunderblüte

Quelle der Ruhe

In der Ruhe liegt die Kraft: Mädchenauge schenkt uns Achtsamkeit. Lavendel bringt unseren Stoffwechsel in ein gesundes Gleichgewicht und Minze gibt uns die nötige Gelassenheit.

Mädchenauge

Lavendel

Minze

Spicy & Fresh

Ingwer und Zitronen geben uns Power, indem sie den Ballast aus unserem Körper spülen. Wilder Assam-Pfeffer und Chili sorgen für den nötigen Schwung im Leben.

Ingwer

+

Zitrone

+

Wilder
Assam-Pfeffer

+

Chili

Energie-Drink

Zitronengras gibt langsam und zielsicher seine stärkenden Kräfte an uns weiter. Thymian sorgt für harmonisierende Verteilung der Energie und schafft somit Ausgleich.

Zitronengras

+

Thymian

Entspannungswasser

Aufwärmen und dabei in die Tiefenentspannung kommen.
Kamille beruhigt Körper und Seele und die Minze reinigt in
dieser Kombination ganz nebenbei den Körper.

Kamille

+

Minze

Beruhigungswasser

Egal, ob die Nase läuft, der Magen Karussell fährt oder alles im Leben gerade Kopf steht. Salbei stärkt die Nerven, beruhigt den Magen-Darm-Trakt und macht von Nase bis Bronchien alles wieder frei.

Salbei

Winterruhe

Dieses Getränk entfacht ein inneres Kaminfeuer. Ganz gemächlich bringt die Pistazie unser Herz in Einklang und die Cranberrys schenken uns inneren Frieden.

Pistazien

+

Getrocknete
Cranberry

Goldener Herbst

Wie ein sonniger Herbsttag unterstützt die Passionsfrucht unsere Schaffenskraft. Sternanis bringt alles
zum Fließen und die Sonnenblumenblütenblätter
setzen Vitalkräfte frei.

Sternanis

+   +

Passionsfrucht

getrocknete Sonnen-
blumenblütenblätter

Register

Unsere Buchtipps für Sie

TOPP 8003
ISBN 978-3-7724-8003-4

TOPP 7915
ISBN 978-3-7724-7915-1

TOPP 8002
ISBN 978-3-7724-8002-7

TOPP 8004
ISBN 978-3-7724-8004-1

TOPP 8005
ISBN 978-3-7724-8005-8

TOPP 8011
ISBN 978-3-7724-8011-9

TOPP 7468
ISBN 978-3-7724-7468-2

TOPP 7514
ISBN 978-3-7724-7514-6

TOPP 5980
ISBN 978-3-7724-5980-1

TOPP 5926
ISBN 978-3-7724-5926-9

TOPP 5942
ISBN 978-3-7724-5942-9

TOPP 7594
ISBN 978-3-7724-7594-8

TOPP 5971
ISBN 978-3-7724-5971-9

TOPP 7578
ISBN 978-3-7724-7578-8

TOPP 7500
ISBN 978-3-7724-7500-9

TOPP 7512
ISBN 978-3-7724-7512-2

TOPP 6421
ISBN 978-3-7724-6421 8

TOPP 5970
ISBN 978-3-7724-5970-2

Anne Iburg ist Diätassistentin und Diplom-Oecotrophologin und hat schon über 30 Ernährungsratgeber geschrieben. Vor dem Einstieg in den Journalismus war sie als hauswirtschaftliche Beraterin in einem in Deutschland bekannten Kochstudio tätig. Sie weiß aus der Praxis, worüber sie schreibt. Neben dem Schreiben ist sie als Dozentin und Ernährungsberaterin tätig.

TOPP – Unsere Servicegarantie

WIR SIND FÜR SIE DA! Bei Fragen zu unserem umfangreichen Programm oder Anregungen freuen wir uns über Ihren Anruf oder Ihre Post. Loben Sie uns, aber scheuen Sie sich auch nicht, Ihre Kritik mitzuteilen – sie hilft uns, ständig besser zu werden.

Bei Fragen zu einzelnen Materialien oder Techniken wenden Sie sich bitte an unseren Kreativservice, Frau Erika Noll.
mail@kreativ-service.info
Telefon 0 50 52 / 91 18 58

Das Produktmanagement erreichen Sie unter:
pm@frechverlag.de
oder:
frechverlag
Produktmanagement
Turbinenstraße 7
70499 Stuttgart
Telefon 07 11 / 8 30 86 68

LERNEN SIE UNS BESSER KENNEN! Fragen Sie Ihren Hobbyfach- oder Buchhändler nach unserem kostenlosen Magazin **Meine kreative Welt**. Darin entdecken Sie dreimal im Jahr die neuesten Kreativtrends und interessantesten Buchneuheiten.

Oder besuchen Sie uns im Internet! Unter **www.topp-kreativ.de** können Sie sich über unser umfangreiches Buchprogramm informieren, unsere Autoren kennenlernen sowie aktuelle Highlights und neue Kreativtechniken entdecken, kurz – die ganze Welt der Kreativität.

Kreativ immer up to date sind Sie mit unserem monatlichen **Newsletter** mit den aktuellsten News aus dem frechverlag, Gratis-Bastelanleitungen und attraktiven Gewinnspielen.

IMPRESSUM

TEXTE: Anne Iburg

FOTOS: frechverlag GmbH, 70499 Stuttgart; **istock**: ene (S. 2), ferlistockphoto (S. 8, 27), ipopba (S. 17), Lise Gagne (S. 1), Redphotographer (S. 6, 7, 10, 11, 18, 19, 28), studiovision (Umschlagklappe vorne unten); **fotolia**: artpritsadee (S. 16), azurita (S. 12, 13), Berna ĐafoĐlu (Umschlag hinten rechts), bit24 (S. 20), capacitorphoto (S. 31), cook_inspire (S. 15), denio109 (S. 24/25), fortyforks (S. 14), freeskyline (Umschlag hingen links), inews77 (S. 21), jtatumstudios (S. 9), M.studio (S. 32, 33), PhotoSG (Umschlagklappe hinten, Freisteller „Obst"), PicciaNeri (Umschlagklappe hinten, Freisteller „Kräuter"), puhha (Umschlagklappe hinten links oben), rcfotostock (Umschlagklappe hinten, Freisteller „Glas"), sveta_zarzamora (S. 4, 5, 22, 29), Syda Productions (S. 30, Umschlagklappe vorne oben, Umschlagklappe hinten rechts), verdateo (Umschlagklappe hinten links unten); © **StockFood** / Nilsson, Pepe (S. 22), Snyder, Rikki (S. 26), Yuichi Nishihata Photography (S. 34/35 und Cover); **Flora Press** (S. 36, 38, 39); Anne Iburg (S. 37, 40, 41, 42, 43)

PRODUKTMANAGEMENT: Katrin Hartmann

ZEICHNUNGEN: fotolia (ksana-graphica, kanate, glorcza, muchmania, Happy Art, Seamartini Graphics)

INNENLAYOUT UND SATZ: Konstanze Laue

DRUCK: GPS Group GmbH, Österreich

1. Auflage 2016

© 2016 **frechverlag** GmbH, Turbinenstraße 7, 70499 Stuttgart

ISBN 978-3-7724-8019-5 • Best.-Nr. 8019